Lygia Clark
Linhas vivas
caderno-ateliê

Renata Sant'Anna

Valquíria Prates

Paulinas

um
caderno-ateliê?

Os artistas contemporâneos
têm diferentes modos e maneiras
de pensar e fazer arte.
Experimentar os mesmos materiais
e processos de criação desses artistas
facilita o entendimento de suas obras.

O **caderno-ateliê**
é um espaço de experiências
onde você realizará um percurso de atividades
inspiradas na produção artística de Lygia Clark.
Ao final, você poderá registrar as ideias
que surgiram durante a realização dos exercícios.

Mãos à obra!

Capturando as sombras

Lygia Clark fazia um exercício de criação desenhando as sombras de coisas dependuradas em um cabide. Esse cabide era colocado contra a luz e produzia formas no chão e na parede. Lygia copiava essas formas em um papel e pintava as que considerava mais interessantes com tinta preta, branca e cinza.

Que tal fazer algo parecido?
Pendure uma toalha ou uma peça de roupa em um cabide. Escolha um lugar próximo à luz para pendurar o cabide e observe as sombras com atenção. Desenhe essas sombras em um papel. Após terminar seu desenho, comece a pintá-lo. Você poderá usar várias cores ou somente preto, branco e cinza, como a artista.

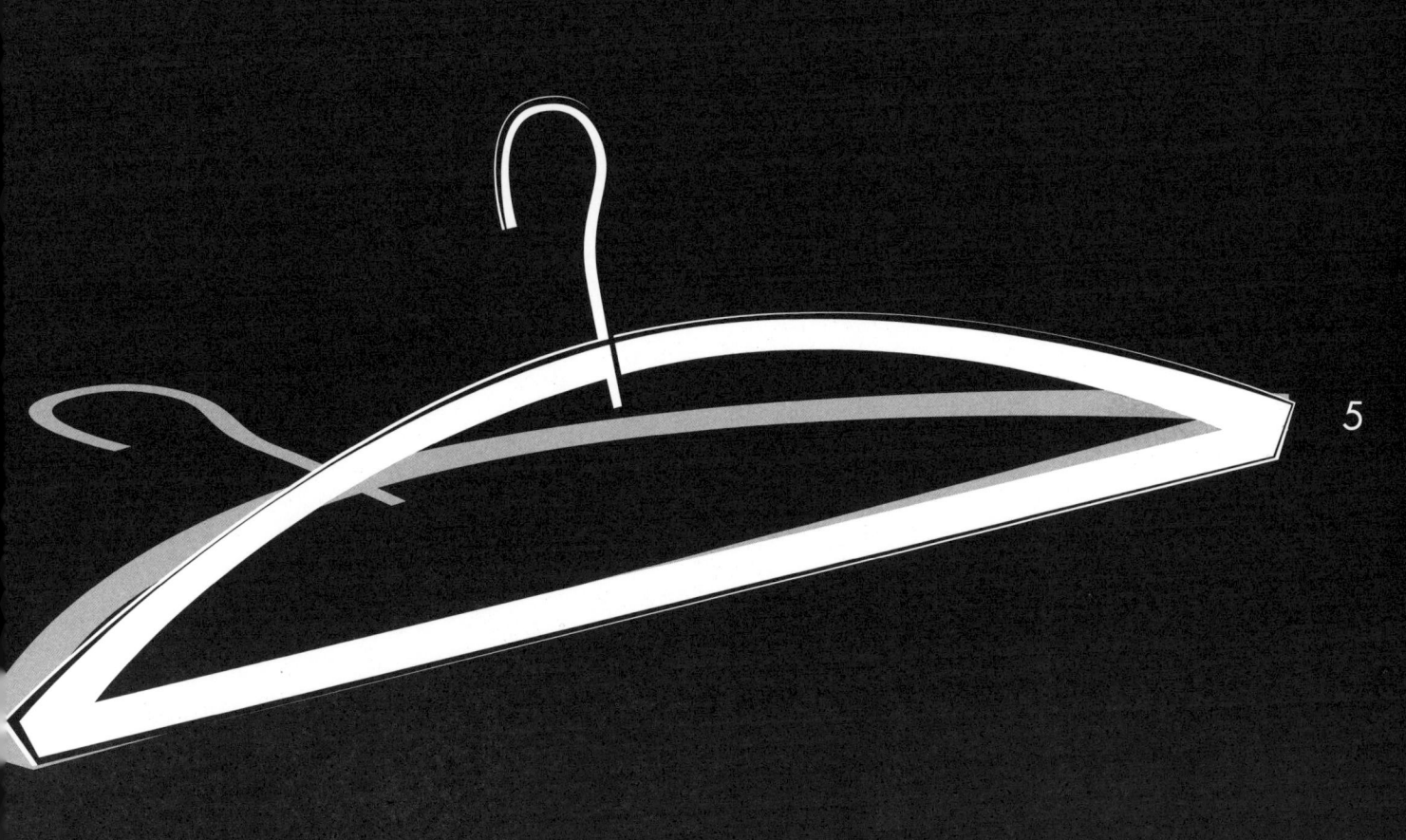

Descobrindo as linhas vivas

Outra importante descoberta de Lygia
foram as "linhas vivas".
A artista ficou interessada nas linhas
que encontrou em sua casa e criou obras
em que elas eram o assunto principal.

Vamos fazer uma exploração
para encontrá-las em nossa casa?
Procure um lugar onde você possa ver muitas linhas,
como, por exemplo, entre os azulejos da cozinha,
do banheiro ou o piso de algum cômodo. Ao encontrá-las,
coloque uma folha de papel sobre o lugar escolhido
e passe o giz de cera deitado em toda sua extensão.

Dessa forma as linhas ficarão registradas em sua folha e você poderá até mesmo pintar os espaços entre elas. Essa não é a maneira como Lygia Clark criava suas "linhas orgânicas", mas pode ajudá-lo a descobrir onde estão e como são essas linhas em sua casa.

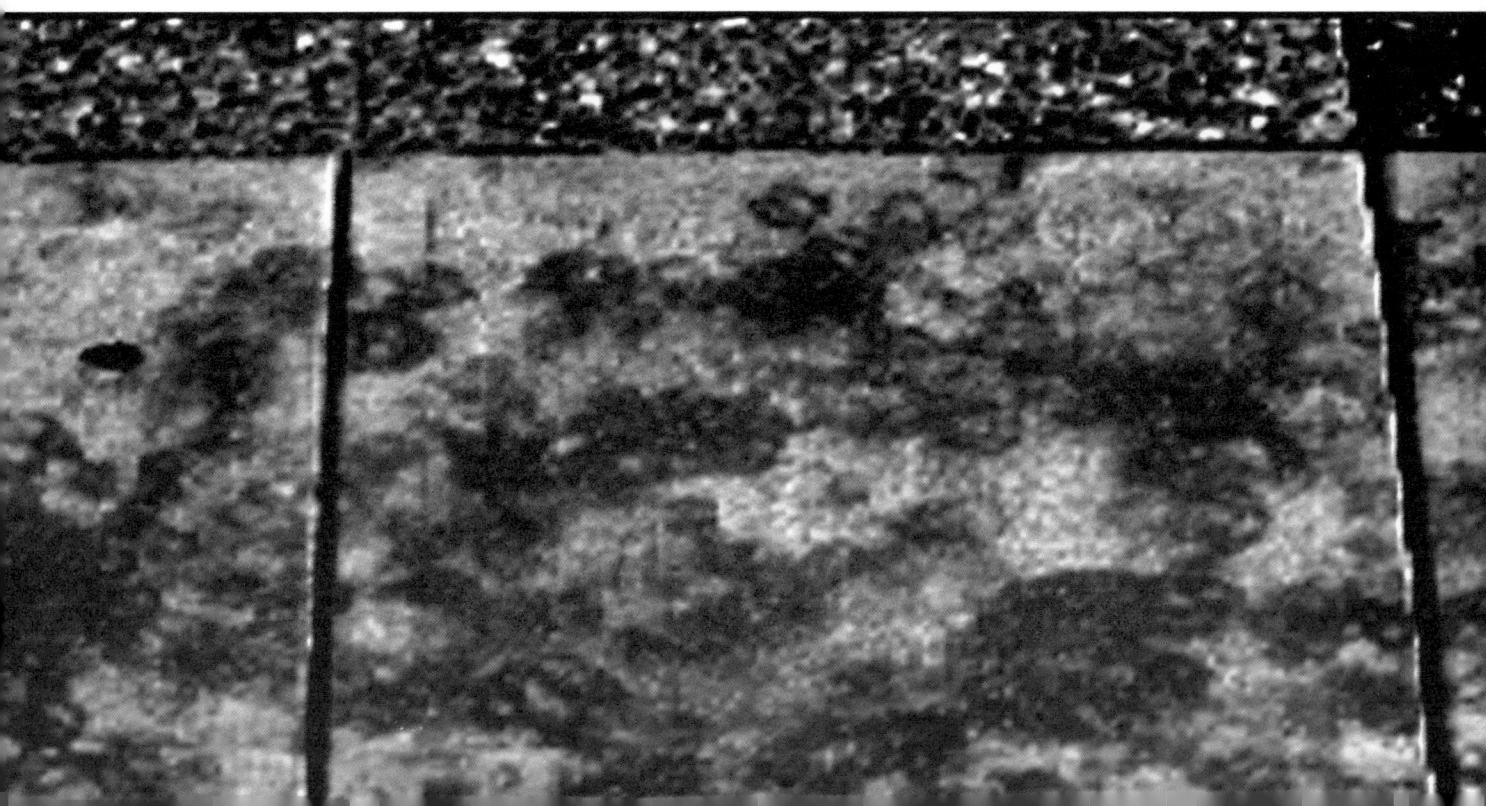

Observando um casulo

Compare a foto de um casulo de borboleta
com a obra *Casulo*, de Lygia.
Por que você acha que a artista chamou suas
obras de casulos?

Pegue um quadrado de papel
e tente criar um casulo parecido com o da natureza.
Enrole, dobre, amasse...
Agora, com dois quadrados de papel,
crie um casulo como os da artista.
Quais são as diferenças que você encontrou?

Bichos, bichos e mais bichos...

Álvaro, filho de Lygia, contou que sua mãe fez um *Bicho Ponta* com um guardanapo.

Que tal um desafio?
De quantas maneiras diferentes você consegue dobrar um guardanapo?
Algumas das dobras lhe fazem lembrar de um bicho?
Depois de experimentar fazer seus próprios bichos, você poderá usar o molde do *Bicho Ponta* da página 23.
Se você quiser guardá-los neste caderno, coloque-os dentro de um envelope e cole-o na página ao lado, formando sua própria coleção.

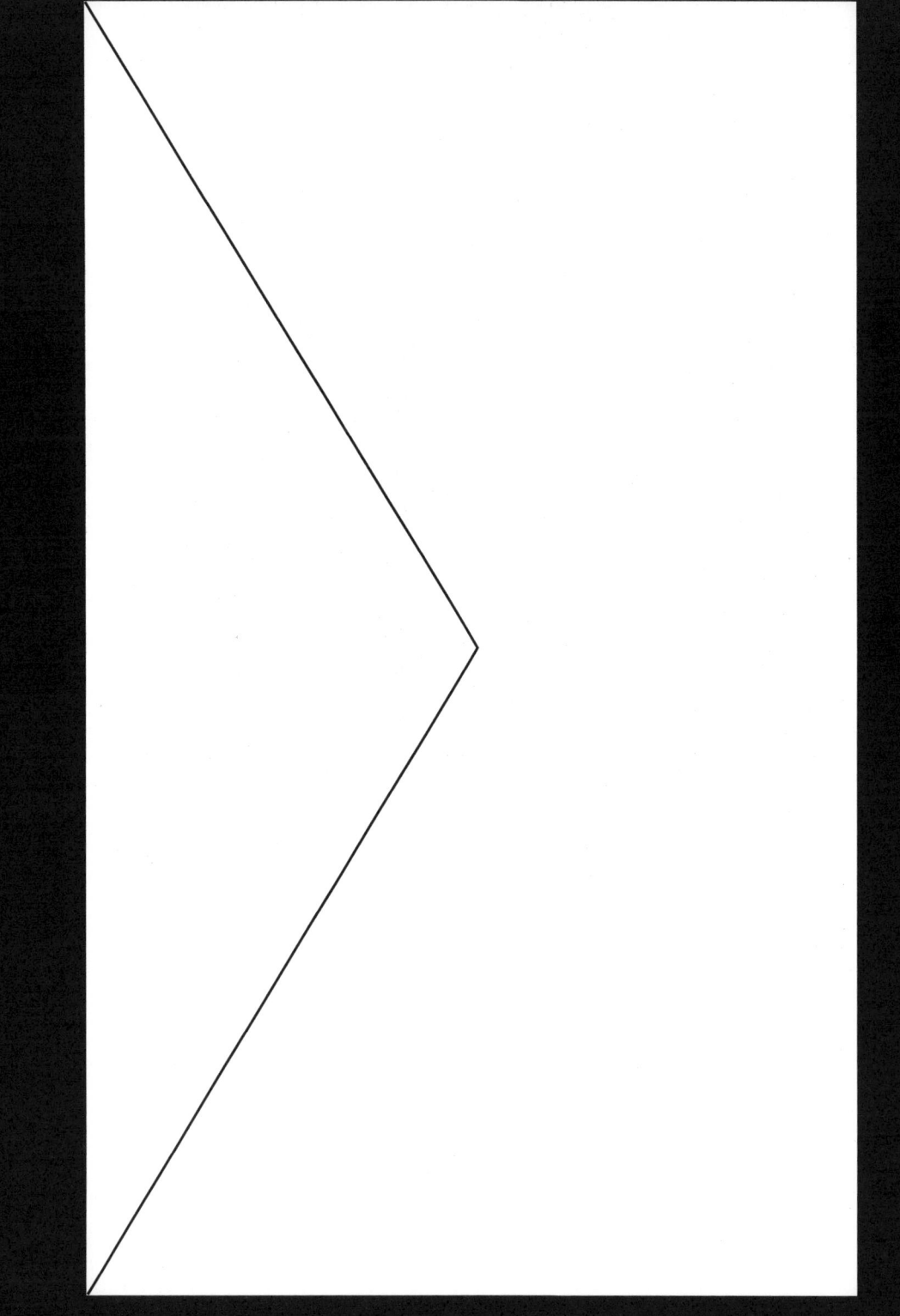

Vestindo uma obra

A *Obra Mole* de Lygia podia ser colocada em qualquer lugar e até ser vestida pelo público.

Vamos criar uma *Obra Mole*?
Para fazer este exercício você vai precisar de um pedaço de plástico. Quanto mais grosso for o plástico, mais resistente será sua peça – e você poderá vesti-la muitas vezes!
Recorte uma forma no plástico. Pode ser um círculo, um quadrado ou mesmo uma forma irregular.
Desenhe nela uma linha, traçando um caminho, como na ilustração ao lado.
Recorte bem em cima da linha, do começo ao fim.
Use-a sobre seu próprio corpo e experimente a sensação de estar envolvido com um plástico.
Tente colocar seu recorte pendurado sobre uma mesa ou cadeira e observe atentamente suas formas.

Lygia Clark
à primeira vista

Observe, ao lado, as etapas de criação de Lygia.
Você experimentou algumas das ideias
presentes nessas obras.
Qual delas você gostou mais de conhecer? Por quê?
Qual atividade do seu caderno-ateliê teve o resultado
mais surpreendente? Qual foi a mais difícil?

Pintura

Linha orgânica

Maquete

Objetos tridimensionais

Dobrando e recortando para criar *Casulos* e *Bichos*

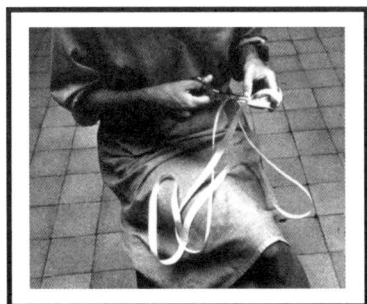
Caminhando

Escrevendo na linha do tempo

Quem veio primeiro na obra de Lygia:
as linhas orgânicas ou as pinturas?
os *Bichos* ou os *Casulos*?
a *Obra Mole* ou os *Trepantes*?

Agora que fez as atividades propostas neste caderno
e experimentou os processos de criação de Lygia, você conhece
melhor a história da produção da artista. Para registrar essa história, você
poderá escrever, olhando em seu livro, os nomes das obras
e o ano em que foram feitas, desde a mais antiga até a mais recente. Para
isso basta checar as informações sobre as obras no final do livro.
Assim, você vai montar uma linha do tempo da obra de Lygia.
Se você quiser saber mais sobre a vida da artista, como,
por exemplo, em que ano ela nasceu, onde, quando começou
a estudar e produzir Arte e quem eram seus amigos artistas,
poderá pesquisar em alguns sites para completar essa linha:
http://www.mac.usp.br
http://www.itaucultural.org.br/enciclopedia

Dessa forma, você vai ampliar seus conhecimentos
sobre uma das mais importantes artistas plásticas brasileiras.
Bom trabalho!

linha do tempo: vida de Lygia Clark

1920   1988

Nasceu Lygia Clark, em Belo Horizonte, Minas Gerais

linha do tempo: obras de Lygia Clark

Minhas ideias e escolhas

A partir do contato que teve com a obra de Lygia Clark neste livro, você pode anotar suas ideias.
Para isso, precisamos lembrar que os artistas fazem escolhas muito importantes quando elaboram seus trabalhos, como, por exemplo:

- Como transformar sua ideia em obra de arte?
- Qual material vai ser usado?
- Que tamanho vai ter a obra?
- Qual técnica usar?
- Como as pessoas vão entrar em contato com sua obra? É uma obra feita para ser observada?
Em caso afirmativo, ela estará pendurada em uma parede, colocada sobre uma mesa ou no chão? Terá moldura?
- Deve ser tocada pelo público? Como?
- Ela teria um nome?

Pudemos acompanhar os caminhos que Lygia percorreu de duas maneiras: no livro e nas atividades do caderno-ateliê.
Quais foram as escolhas da artista em cada obra?
Que tal fazer suas próprias escolhas?

Bicho Ponta

22

Monte o seu Bicho Ponta acompanhando as instruções criadas pela Associação Cultural "O Mundo de Lygia Clark":

1. Recorte a figura seguindo as linhas pontilhadas, inclusive a linha dentro da imagem;

2. Dobre as peças como indicado pelas setas;

3. Cole A com A e B com B, com fita adesiva ;

4. Depois de armar o Bicho, brinque com ele.

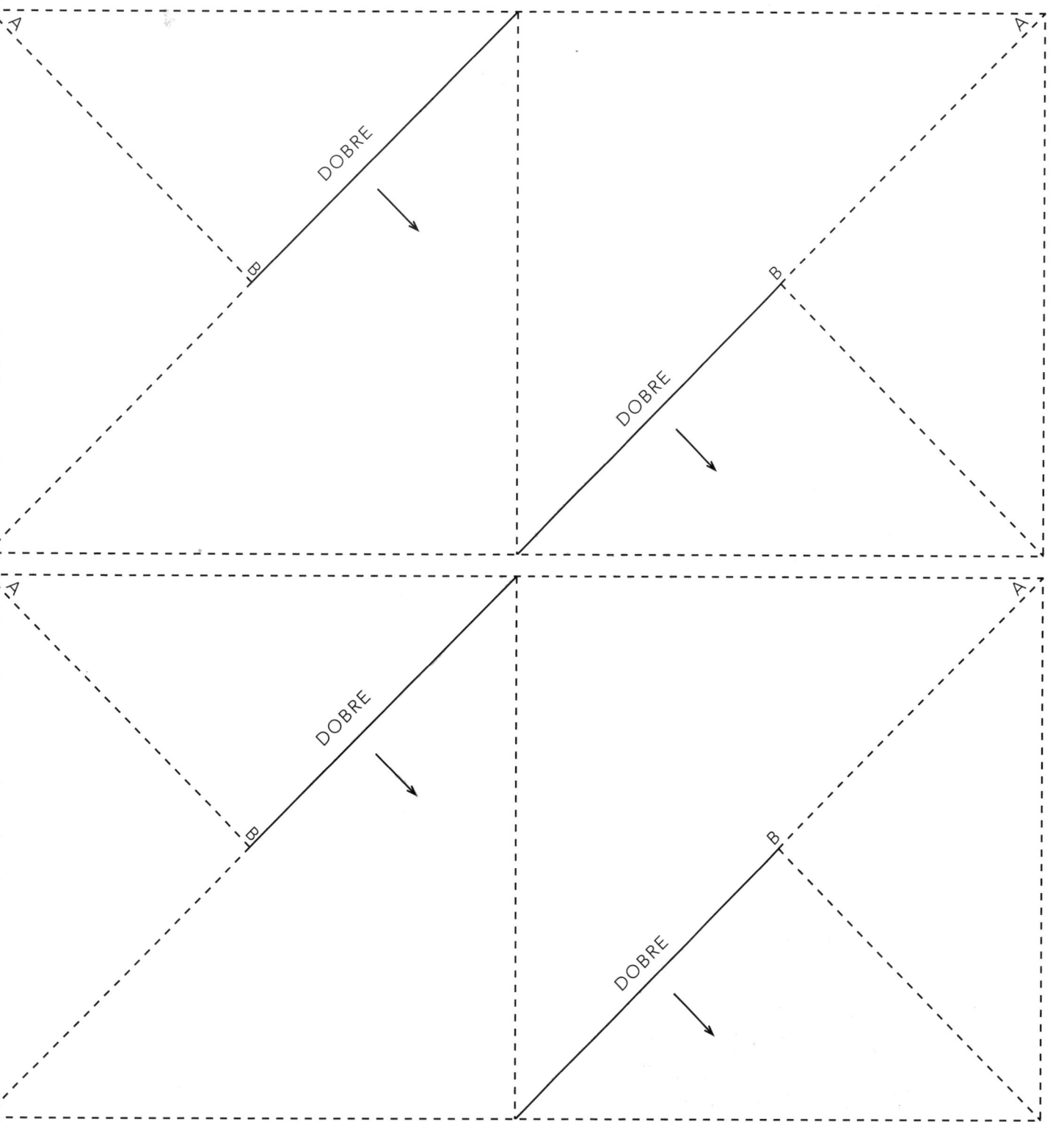